PUBLICATIONS DE L'OFFICE
Des Brevets d'Invention Français et Étrangers
et des Marques de Fabrique.

ÉTUDE

SUR

LE DROIT DE L'INVENTEUR

DE DESSINS

ET DE

MODÈLES DE FABRIQUE.

PAR

Laurent PRACHE,

Avocat à la Cour d'Appel de Paris.

PARIS

11, BOULEVARD MAGENTA, 11.

Maisons à Londres et à Bruxelles

Correspondants dans tous les Etats.

1881.

ÉTUDE

SUR LE

DROIT DE L'INVENTEUR DE DESSINS

et de

MODÈLES DE FABRIQUE.

Un dessin, au sens industriel du mot, c'est la représentation, sur une surface, de figures et d'objets, résultat obtenu par un arrangement de traits, une combinaison de couleurs, une disposition de fils, etc.

Au contraire, toute représentation en relief d'une forme quelconque, œuvre destinée à être industriellement reproduite, est un modèle.

Le dessin et le modèle, si rudimentaires qu'ils soient, appartiennent à qui les fait, à qui les invente. Ils sont l'ouvrage de son intelligence et de ses mains, sa chose et, pour exprimer juridiquement cette idée, nous dirons, sans crainte d'abuser du terme qui la rend le plus énergiquement, sa propriété. A ce titre, un législateur, soucieux de garantir à chacun ses droits, a le devoir de lui en assurer la jouissance exclusive, sinon perpétuelle. Dans quelle mesure et à quelles conditions la loi française a-t-elle reconnu et reconnaît-elle encore le droit indéniable de l'inventeur de dessins ou de modèles? Quelle protection devrait-elle lui accorder?

Telle est la triple question dont ce sujet demande et comporte la solution. Mais comme notre intention n'est pas de faire une étude rétrospective de droit, encore moins une étude de législation, nous ne nous appesantirons que sur le second point, bornant ainsi notre examen aux textes en vigueur et à la jurisprudence et ne nous occupant des deux autres points que juste ce qui est nécessaire pour éclairer les origines de la loi actuelle et donner une conclusion pratique à notre travail.

I

HISTORIQUE.

La consécration législative du droit de l'inventeur de dessins et de modèles de fabrique ne remonte pas bien haut. Cela se conçoit: le besoin ne s'en était pas fait sentir; l'industrie n'avait pas pris, aux siècles précédents, l'essor qui l'a conduite, de nos jours, à de si prodigieux développements. D'ailleurs les fabricants et artisans, organisés en communautés et corps de métiers, ne possédaient-ils pas des règlements qui les protégeaient alors suffisamment contre les contrefaçons? Ces règlements avaient reçu, pour la plupart, la sanction royale. Parmi les plus célèbres on cite ceux de 1737 et de 1744 relatifs aux fabricants de Lyon. Leur but était d'assurer à ceux qui avaient composé ou fait composer de nouveaux dessins le droit exclusif de les faire exécuter. C'est à ces règlements dont l'application fut étendue à toutes les fabriques de soieries de France par un arrêt du Conseil du 14 juillet 1787 qu'il faut rapporter l'origine de la législation actuellement en vigueur.

Les modèles avaient été protégés, dans l'ancien droit, comme les dessins. On en voit la preuve: 1° dans une sentence de police de 1766 approuvant la déclaration de la communauté des maîtres fondeurs; — 2° dans les statuts élaborés en 1776 pour la communauté des graveurs, ciseleurs et damasquineurs, peintres en émail ou bijoux d'or et de cuivre, statuts qui prohibaient, à peine d'amende, la reproduction des modèles de la communauté et imposaient aux inventeurs la formalité d'un dépôt soumis à certaines conditions (art. 2 à 4); — 3° enfin dans un arrêt du Conseil rendu en 1787 à l'effet de réprimer la contrefaçon des produits de la manufacture de porcelaine de Sèvres, etc.

La suppression des maîtrises et des jurandes et plus tard celle des privilèges entraînèrent l'abolition de tous ces règlements. Le droit des inventeurs fut laissé à la merci d'une concurrence effrénée. Seuls, de 1791 à 1806, les dessins et modèles de fabrique qui avaient une valeur artistique purent s'abriter derrière les dispositions de la loi de 1793 relative aux œuvres des dessinateurs, etc. Mais cette garantie était tout à fait insuffisante puisqu'une foule de dessins et de modèles industriels sont dépourvus de tout caractère esthétique. On eut donc lieu de voir se déchaîner la concurrence déloyale et, de fait, les contrefaçons furent nombreuses. Aussi, lorsque, au commencement de l'Empire, Napoléon se rendit à Lyon les fabricants de cette ville lui demandèrent-ils instamment de rétablir à leur profit les mesures protectrices des anciens règlements. L'Empereur fit droit à leurs doléances. Ainsi est née la loi du 18 mars 1806. Cette loi n'a trait, il est vrai, d'après son titre qu'à l'établissement d'un Conseil de prud'hommes à Lyon ; mais en déterminant les attributions de cette nouvelle juridiction, qu'ils chargèrent notamment « des mesures conservatrices de la propriété des dessins », ses auteurs furent implicitement amenés à reconnaître dans son texte même le droit exclusif des fabricants à la reproduction de leurs dessins et à indiquer les conditions auxquelles ce droit leur serait réservé. Les six articles qui s'en occupent complétés et interprétés par l'ordonnance des 17 et 29 août 1825 et le décret du 7 juin 1861 renferment à eux seuls toute notre législation sur cette importante matière des dessins et modèles de fabrique. On comprend que la pratique y ait rencontré de regrettables lacunes ; aussi à plusieurs reprises a-t-on demandé aux divers gouvernements qui se sont succédé en France depuis le premier Empire, de les combler. Un projet fut présenté en 1845, un autre en 1869, mais ces deux tentatives restèrent infructueuses ; les événements de 1848 et de 1870, en amenant la chûte des pouvoirs auxquels ces projets avaient été soumis, les empêchèrent d'aboutir à une consécration législative.

L'œuvre fut reprise par M. Bozérian (*Officiel* du 4 février 1877 p. 383) devant le Parlement actuel. Adopté par le Sénat dans ses séances des 11 et 29 mars 1879, son projet attendait encore le vote de la Chambre des Députés lorsque celle-ci résilia son mandat. Une étude sur la loi de 1806 et un examen critique de l'interprétation qu'en donnent la doctrine et la jurisprudence offrent donc encore une certaine utilité même au point de vue pratique.

II

LÉGISLATION ACTUELLE.

Il importe avant tout de déterminer l'étendue et la portée exacte de la protection accordée par la loi de 1806. Nous verrons ensuite à quelles conditions elle l'accorde.

1. — Que protège la loi de 1806 ?

Tout d'abord il est incontestable que la propriété d'un dessin ou d'un modèle de fabrique peut être garantie par la loi de 1793, lorsqu'ils ont une valeur artistique. Une œuvre d'art ne cesse pas d'avoir ce caractère par le fait seul qu'elle est destinée à une reproduction industrielle ou qu'elle entre dans la composition d'un produit mercantile, soit pour en déterminer la forme, soit pour en faire le sujet principal, l'accessoire, l'ornement. D'autre part, aucun texte de loi n'a prononcé de déchéance contre elle de ce chef. La possession d'un dessin et même d'un modèle peut donc se trouver assurée à la fois et par la loi de 1793 et par celle de 1806. Mais ne nous préoccupons plus à présent que de cette dernière. Peut-on s'en prévaloir pour tous les dessins indistinctement? Le peut-on même pour les modèles?

Sur ces deux questions la doctrine et la jurisprudence sont loin d'avoir donné et de donner encore des solutions identiques

1° doctrine. — En premier lieu, aux yeux des auteurs, tous les dessins industriels sont-ils en mesure de bénéficier des faveurs de la loi de 1806? La négative a été fortement soutenue. — On a prétendu d'abord qu'elles étaient réservées aux seuls dessins des fabricants Lyonnais; ceux qui défendaient cette opinion péchaient gravement contre une règle d'interprétation que le jurisconsulte Romain a ainsi formulée : « *Incivile est nisi totâ lege inspectâ judicare* ». Interpréter la loi d'une façon aussi restrictive c'était, en effet, tenir pour lettre morte l'article 34. Aussi, en présence de ce texte, d'autres n'ont-ils fait aucune difficulté à admettre que les articles 14 et suivants étaient également applicables aux dessins des fabricants des autres villes, *mais des seuls fabricants de soieries.*

Cette interprétation a encore un défaut : c'est de voir dans la loi une restriction qui n'y est pas écrite. L'article 34 permet au gouvernement d'établir des Conseils de prud'hommes dans les villes de fabrique où il le jugera convenable et non pas seulement dans les villes où il y a des fabriques de soieries. — De là un troisième système qui, combinant les articles 14 et suivants avec l'article 34, permet d'en étendre les dispositions « à toutes les applications manufacturières du dessin (BLANC, p. 321), » mais refuse cet avantage aux modèles industriels. Cette opinion, en apparence conforme au texte de la loi, a encore l'inconvénient très grave d'apporter, comme nous le montrerons plus loin, une restriction à la pensée du législateur et, en face de textes aussi défectueux et aussi incomplets, n'est-ce pas l'esprit qui a présidé à leur rédaction qui doit surtout guider l'interprète ?

Ce dernier système est aujourd'hui presque universellement admis dans la doctrine. Mais ses partisans laissent-ils donc les modèles de fabrique à la merci de la libre concurrence ? Nullement ; chacun s'est efforcé à sa manière de les en garantir. — Plusieurs, donnant aux termes de la loi de 1793 une signification outrageusement extensive, lui ont à tort demandé pour tous les modèles une protection qu'ils n'osaient pas chercher dans la loi de 1806. — D'autres, trop scrupuleux et plus préoccupés de la lettre que de l'esprit de cette dernière loi, en écartent résolument toute œuvre de sculpture et partant tout modèle, fût-il artistique ; ceux-là ne peuvent offrir aux inventeurs, qui se plaignent et souffrent de la contrefaçon de leurs modèles, que le secours anodin de l'article 1382. (BOZÉRIAN, *Propriété industrielle*, p. 407). — D'autres enfin, plus raisonnables, prennent le juste milieu entre ces deux systèmes. Ils donnent de la loi de 1793 une interprétation moins judaïque, sans cependant en étendre la portée outre mesure, comme ont fait les défenseurs du premier système. Pour eux, cette loi protège la propriété de toute œuvre artistique et conséquemment celle des modèles qui ont ce caractère ; mais à ceux qui en sont dépourvus il ne reste que le secours offert par l'article 1382, c'est-à-dire une simple action en dommages et intérêts au lieu d'une action en contrefaçon (POUILLET, *Traité théorique et pratique des dessins de fabrique*, p. 145 ; — CALMELS, *Propriété et contrefaçon des œuvres de l'intelligence*, p. 83). Un seul auteur fut assez osé pour soutenir que la loi de 1806 était applicable aux modèles aussi bien qu'aux dessins de fabrique, (MOLLOT, *Code de l'ouvrier*, p. 283). C'est pourtant l'opinion que nous croyons la meilleure et que nous essaierons tout à l'heure de justifier.

2° Jurisprudence. — C'est aussi le système qui est aujourd'hui consacré par la jurisprudence. Toutefois, il a fallu bien des efforts pour le lui faire admettre. Longtemps, elle ne consentit à protéger que les dessins de fabrique (Vr encore Paris, 19 décembre 1862; — PATAILLE, 1862, p. 438); mais elle n'hésita jamais à les protéger tous, sans se préoccuper de la nature des objets sur lesquels ils étaient reproduits, tissus, papiers peints, toiles cirées, poteries, etc. Que faisait-elle alors pour les modèles? Naturellement on s'empressa de se réclamer près d'elle de la loi de 1793. Des fabricants eurent l'audace de prétendre et des avocats la désinvolture de soutenir, par exemple, qu'une branche de lierre ou de vigne enroulée autour d'un tuyau de pipe en terre cuite avait des grâces esthétiques, qu'un flacon de la forme d'une carafe et surmonté d'un col étranglé pour les besoins de l'usage auquel on le destinait était plus qu'un semblant d'œuvre d'art et que par suite l'un et l'autre pouvaient à bon droit être placés sous l'égide tutélaire de la loi de 1793. Cette thèse ne manquait ni de fantaisie ni de hardiesse, mais elle ne put faire son chemin et la jurisprudence, après avoir un instant hésité (Vr les décisions en ce sens citées par PATAILLE, p. 143), eut le bon sens de ne pas l'adopter. (Cas., 9 mai 1853 et 31 janvier 1854; — *Gaz. des Tribun.* 2 juin 1853 et 1er février 1854; — Paris 12 mars 1870; — PATAILLE, t. XVI, p. 261 et la note). Il lui fallut donc chercher un autre moyen de combler cette vaste lacune laissée dans la pratique par cet embryon de loi, comme l'appelle M. Bozérian, que nous légua le 1er Empire. Elle le trouva. La loi de 1806 ne parle que des dessins de fabrique; c'était là la grande difficulté à surmonter. Elle imagina de la tourner en donnant du mot *dessin* une définition assez large pour embrasser à la fois et les dessins proprement dits et les modèles ou à tout le moins une grande partie des modèles. Si nous faisons cette réserve c'est que nous rencontrons dans ses décisions deux systèmes distincts provenant de deux conceptions différentes de cette notion même ainsi élargie du dessin. Le système le plus large est celui de la Cour de Cassation; l'autre a été adopté et appliqué jusqu'à ces derniers temps par la Cour d'Appel de Paris.

Premier système. — D'après la Cour de Cassation un dessin est une disposition quelconque de lignes ou de couleurs destinée à être industriellement reproduite soit sur une surface et sous deux dimensions, soit en relief et alors sous les trois dimensions. A ses yeux un modèle est originairement conçu sous la forme d'un dessin dont il n'est que la mise en œuvre. Or tout dessin, fût-il le plus simple du monde, fût-il dénué de tout ornement, est protégé par la loi de 1806, pourvu qu'il satisfasse d'ailleurs aux conditions qu'elle exige. Donc assimilation complète des modèles aux dessins dans le système de la Cour de Cassation. C'est dans un arrêt du 2 août 1854 que nous en trouvons l'exposé et l'une des premières applications. Elle y décide, en effet, que des dessins de poêles en fonte dont la forme ovale fait toute la nouveauté ont pu être utilement déposés parce que « la simplicité du dessin et l'absence même d'ornementation ne sauraient suffire pour le mettre en dehors de la protection légale (aff. Vivaux, 2 août 1855; — PATAILLE, *Annales*, etc., 1856, p. 6).

Deuxième système. — La Cour de Paris définit le dessin non plus d'après sa nature et considéré en lui-même, mais d'après son but ; celui qn'il a spécialement lorsqu'il est destiné à être reproduit par voie de tissage, brochage, impression, etc. « Le dessin, dit-elle, est une disposition de lignes ou de couleurs dont le but est de décorer un objet quelconque et de lui donner un aspect nouveau ». La forme d'un modèle ne saurait donc constituer un dessin, parce qu'un dessin est un ornement dans le sens de la loi de 1806.

Un modèle ne pourra devenir l'objet d'un droit privatif qu'autant que son relief reproduira des dessins artistiques ou industriels.

C'est par application de cette idée que la Cour de Paris jugea:

1°, en 1854, que les dessins des poêles Vivaux n'étaient « ni des dessins artistiques, ni des dessins industriels »;

2°, que la forme donnée à des flacons pour collodion « ne saurait, *en l'absence de dessins ou reliefs artistiques*, conférer une propriété privée ni comme œuvre d'art, ni comme dessin ou modèle de fabrique (Paris, aff. Laverdet, 19 nov. 1863; — PATAILLE, 1864, p. 36).

La même théorie se retrouve aussi clairement formulée dans deux arrêts qu'elle rendit:

1°, l'un le 11 février 1875 et dans lequel elle déclara que le dépôt de certaines *agrafes* — *écailles à griffes*, n'avait pu donner droit à aucune revendication puisque d'une part la forme « écaille découpée » était dans le domaine public (ici elle fait allusion au système de la Cour de Cassation) et, d'autre part (voici le sien), *la forme et le dessin proprement dits, c'est-à-dire les ornements de l'écaille saisie* au domicile du défendeur étaient complètement différents du dessin revendiqué par le sieur Charles, etc., (PATAILLE, 1875, p. 216).

2°, l'autre le 6 juillet 1878, et sur les motifs suivants :

« Considérant que si cette loi, qui n'avait en vue que les dessins de fabrique de la ville de Lyon, a été plus tard, par la jurisprudence, étendue à toutes les villes de fabrique, elle n'est pourtant pas applicable à tout produit fabriqué quel qu'il soit ; qu'elle ne parle que des dessins de fabrique ; *qne le mot dessin s'entend de toute disposition de lignes ou de couleurs dont le but est de décorer un objet quelconque et de lui donner un aspect nouveau* et qu'en admettant même qu'on doive étendre la signification du mot dessin, on ne peut évidemment pas l'appliquer à un fer à cheval lequel, dans la pensée de celui qui prétend l'avoir inventé, doit avoir une durée plus grande et donner plus de solidité » (PATAILLE, 1878, p. 285).

Dans ces deux arrêts la Cour de Paris juge et d'après son système et d'après celui de la Cour de Cassation. Elle a complètement abandonné le sien, dans une décision plus récente, en date du 15 mars 1879. On avait fait au greffe du Conseil des Prud'hommes le dépôt de deux modèles de vases en verre destinés à renfermer l'un du miel et l'autre des confitures. Ces vases, qui ne se distinguaient que par la forme et la disposition des couvercles, étaient dépourvus de toute ornementation. Néanmoins la Cour fut d'avis que le dépôt avait été effectué dans des conditions utiles, parce que « la loi du 18 mars 1806 protège sans distinction tous les dessins de fabrique, expression générique qui comprend à la fois les combinaisons de lignes ou de couleurs destinées à être mécaniquement reproduites sur les objets fabriqués et les dessins, moules ou reliefs de modèles industriels ».

Cet arrêt a été confirmé par la Cour de Cassation le 27 juin 1879 (PATAILLE, 1879, p. 360).

De cette décision il nous est permis d'inférer que la Cour de Paris s'est désormais rangée à l'opinion de la Cour de Cassation ; du reste, elle s'était déjà prononcée en ce sens, en 1868, dans une affaire de chaînes de montres (aff. Lion et Cie, 18 août 1868 ; — PATAILLE, 1869, p. 193).

Au demeurant, nous n'avons plus qu'un système en jurisprudence, celui qui étend la protection de la loi de 1806 à tous les dessins et à tous les modèles ; les modèles n'étant en réalité, selon la définition de M. Pouillet (*op. cit.*, p. 141), que des dessins en relief.

Cette généralisation des dispositions de la loi de 1806, nous l'avons déclaré plus haut, nous l'adoptons tout entière. Mais nous n'essaierons pas, pour la justifier, de cet ingénieux tour de force qui consiste à donner à l'expression « dessin de fabrique » une signification abusivement extensive. Il nous suffit à nous d'en trouver la raison d'être dans l'intention du législateur. Qu'a-t-il voulu faire, en effet ? Interrogeons les précédents, les travaux préparatoires et le texte même de la loi de 1806 et nous constaterons que son but a été de battre en brèche la concurrence déloyale, cette ruine de toutes les industries. Et par quel moyen ? En assurant aux patrons un droit exclusif à la reproduction de leurs *types de fabrication* et en créant une institution qui les prît sous sa sauvegarde. Sans doute, la loi de 1806 ne parle que des dessins. Mais on en sait la raison. L'origine comme les incidents de rédaction de cette loi sont connus. Napoléon était de passage à Lyon. Cette ville, ayant beaucoup souffert de l'abolition de ses anciens règlements, profita de cette circonstance pour en demander le rétablissement. Le maître, émerveillé de la réception qu'on lui avait peut-être un peu malicieusement préparée, se laissa gagner à la cause des fabricants lyonnais et accepta les requêtes qui lui étaient présentées. Il écrivit, en conséquence, à Cambacérès qu'il fallait nécessairement que ces propositions de la Chambre de Commerce de Lyon fussent, sans qu'on y touchât, soit pour en retrancher, soit pour y ajouter, converties en textes de loi. (V. Dupray de Lamahérie, Conseiller à la Cour de Caen ; — Discours prononcé au Congrès International de la Propriété Industrielle tenu au Trocadéro en 1878 ; — Comptes Rendus sténographiques, publiés par l'Imprimerie Nationale, p. 116).

Ainsi s'explique le caractère étroit de la rédaction de la loi de 1806. Il n'y est question que de dessins, mais dans l'industrie des soieries ce qu'on appelle un dessin de fabrique n'est pas autre chose qu'un *type de fabrication*, celui-ci prenant ainsi son nom de ce qui crée sa nouveauté. La preuve que c'est bien un produit revêtu de ce cachet d'originalité dû au dessin et non le dessin lui-même que la loi a entendu protéger, c'est qu'elle exige le dépôt d'un échantillon et non d'une copie, c'est qu'elle défend l'inventeur non contre un plagiat, mais contre une concurrence déloyale. L'objet de sa protection est donc un type de fabrication. N'est-ce pas là le but que nous lui assignions tout à l'heure?

Cette loi, si spéciale, si étroite qu'elle fût, n'en emportait donc pas moins la création d'une institution et la consécration de principes dont l'équité réclamait l'application à toutes les villes de fabrique indistinctement. C'est ce qu'a fort bien compris, quoi qu'on en ait dit, le législateur de 1806. Veut-on s'en assurer? Qu'on se reporte aux travaux préparatoires et notamment aux explications qu'il y donne des articles 34 et 35, véritable siège de sa pensée, puisque les autres dispositions et notamment l'article 14 émanent de la Chambre de Commerce de Lyon et qu'il a été moralement contraint de les adopter. Voici ce qu'en dit le tribun Camille Pernon, le seul orateur qui ait pris la parole dans la séance où la loi fut votée par le Corps Législatif, aucune contradiction ne s'étant élevée du côté des orateurs du Gouvernement: (*Moniteur universel*, 19 mars 1806).

« Enfin, Messieurs, le dernier article de la loi, en déclarant que ses
« principes, modifiés selon les circonstances, sont applicables aux autres
« villes de fabrique, proclame l'admission d'un système bien propre à
« les faire fleurir toutes. Ce système, en assimilant chaque cité à une
« grande famille qui a toujours un intérêt principal, ... la rend
« comme responsable de sa conduite et de sa réputation. . . . .
« C'est peut-être l'unique frein qu'on puisse opposer efficacement aux
« sourdes suggestions de l'intérêt particulier et aux lâches combinaisons
« de la fraude.

« Ainsi, quand Lyon surveillera ses soieries, Rouen ses toiles, Louviers
« ses draps, Genève ses *bijoux et ses montres*, alors la France et l'étran-
« ger pourront acheter avec sécurité les produits de l'industrie française
« et la valeur commerciale de tous ces objets sera comme rehaussée par
« une prime équivalente à tout ce que leur fabrication aura gagné en
« fidélité ».

L'intention du législateur ne ressort-elle pas clairement de ce passage? Lorsqu'il donne au gouvernement le pouvoir de créer des Conseils de Prud'hommes dans les villes de fabrique où il le jugera convenable, aucune restriction n'existe dans sa pensée. Ce n'est pas seulement dans les villes de tissage, ni même dans celles où l'on rencontre « des applications manufacturières du dessin », mais dans toutes les villes de fabrique, dans toutes celles où se trouve une industrie à protéger, là où l'on façonne les métaux et l'argile aussi bien que là où se travaillent la soie, le coton, la laine; à Genève comme à Rouen, comme à Louviers, partout un réglement d'administration publique peut établir cette institution tutélaire (art. 34).

La diversité des industries pourra nécessiter des modifications dans la composition des différents Conseils de Prud'hommes mais en tous lieux, déclare le législateur, leurs attributions seront les mêmes (art 35). Or, quelles sont ces attributions? Elles sont au nombre de trois pour celui de Lyon. Le titre II de la loi de 1806 lui attribue, en effet, le soin de:

1°, Terminer par la voie de la conciliation ou même, dans les litiges d'un intérêt inférieur à 60 fr., par un jugement, les différends soulevés entre patrons, chefs d'atelier et ouvriers (sect. I).

2°, Constater les contraventions aux lois et règlements (sect. II).

3°, Veiller à la conservation de la propriété des dessins (sect. III).

Si nous voulons appliquer à la lettre aux autres Conseils de Prud'hommes ces dispositions, dont le texte est émané non du législateur, mais de la Chambre de Commerce de Lyon, n'en résultera-t-il pas que dans beaucoup de cas cette troisième attribution sera nulle et n'aura aucune signification.

Le législateur aura eu beau déclarer étendre tous les principes de sa loi aux autres villes que Lyon, donner à tout fabricant le moyen de lutter contre « les sourdes suggestions de l'intérêt particulier et les lâches combinaisons de la fraude », c'est-à-dire contre la concurrence déloyale, lui réserver le droit de reproduire seul les échantillons nouveaux qu'il livre au commerce, lui garantir, en d'autres termes, son droit sur ses créations nouvelles et non pas seulement sur ses dessins nouveaux, puisqu'il dit que, « Genève pourra surveiller ses bijoux et ses montres, comme Lyon ses soieries », il aura eu beau, disons-nous, vouloir protéger la propriété des modèles et des dessins, ainsi que cela existait autrefois, son but n'aura pas été atteint. Sa pensée, si nettement exprimée et dans le texte des articles 34 et 35 et dans l'explication qu'il en a donnée, restera lettre morte, en face de l'article 14, c'est-à-dire d'un texte, il ne faut pas cesser de le répéter, fait pour une situation spéciale, qu'il n'a pas rédigé et qu'il a même moralement été contraint d'adopter.

En fin de compte, nous n'aurons pas violé la lettre de l'article 14 mais nous n'aurons respecté ni l'esprit de la loi, ni la disposition de l'article 35, sainement interprété, car nous nous trouverons en présence de

Conseils de Prud'hommes dépouillés en réalité de leur troisième attribution, attribution qui cependant est l'essentielle puisque le Tribun Camille Pennon déclare en tête de son discours que la loi de 1806 est « une suite de la loi de 1791 et des arrêtés du 20 floréal, an XIII, dispositions qui tendent à régénérer les manufactures françaises ».

Il est donc préférable de se conformer à l'intention du législateur plutôt que de s'arrêter au sens littéral des termes.

En cela, du reste, on ne fait qu'obéir à une règle d'interprétation que les jurisconsultes ont toujours admise et que le Code Civil a lui-même consacrée (art. 1156).

En résumé nous approuvons la jurisprudence qui applique aux modèles industriels les dispositions écrites en vue des dessins de fabrique des manufacturiers Lyonnais, et nous trouvons cette extension aussi fondée en droit que conforme aux exigences de l'équité.

Nous avons ainsi déterminé ce qui peut faire l'objet d'un droit de propriété industrielle en vertu de la loi du 18 mars 1806. Il nous reste à voir quelles conditions les dessins et les modèles de fabrique doivent remplir pour être admis à cette faveur.

2. — Conditions exigées des dessins et des modèles de fabrique.

Ces conditions peuvent se ramener à trois :

Il faut :

1°, qu'ils soient nouveaux ;

2°, que ce qui constitue leur nouveauté ne puisse pas donner lieu à un brevet d'invention ;

3°, enfin qu'ils soient déposés conformément aux prescriptions de la loi.

1. — Ainsi en premier lieu un fabricant ne peut revendiquer la reproduction exclusive d'un dessin ou d'un modèle que s'ils sont nouveaux, s'ils proviennent, ce sont les termes mêmes dont se sert la loi, de son *invention*. Mais que faut-il pour qu'il y ait invention ? En quoi doit, au juste, consister la nouveauté ? Est-ce dans la conception, dans la composition même de l'œuvre qu'il est nécessaire de trouver cette originalité propre à constituer l'invention ? Y aurait-il, au contraire, un cachet suffisant d'individualité dans l'idée de sa reproduction, de son exécution

manufacturières, dans le fait de l'avoir appliqué à une industrie déter-
minée? L'une et l'autre opinion sont soutenues mais la dernière, la plus
extensive, est celle qui prévaut en pratique comme en doctrine (Nîmes,
28 juin 1843; — BLANC, p. 326). Pourtant il nous semble que le législateur s'est montré plus exigeant et que la première opinion est plus
conforme à son intention. On peut invoquer à l'appui ce qu'a dit
Regnaud de St Jean d'Angély dans l'exposé des motifs pour justifier la
disposition de l'article 14 : « Souvent la nouveauté d'un dessin quadruple
« le prix d'une étoffe. Plus d'une fois une fleur habilement tissue, un
« amalgame heureux de couleurs a fait connaître, achalandé, enrichi
« une fabrique. . . . . . . Cette disposition est une garantie offerte
« à ceux qui inventent ou perfectionnent la partie de la fabrication qui
« appartient aux arts du dessin ». — On retrouve la même idée dans le
« discours du tribun Camille Pernon : « La propriété indéfinie des dessins
« que la loi permet d'acquérir a appartenu de tout temps aux manufac-
« turiers qui les ont produits. Cet usage assurait à chacun le fruit de ses
« découvertes. Il faisait rechercher et permettait de payer les artistes les
« plus distingués. C'est à cet usage que les manufacturiers ont dû la
« faculté de varier à tel point leurs inventions, qu'elles ont pu satisfaire
« à tous les caprices de la mode ».

C'est donc dans le dessin lui-même, dans la composition qu'il doit y
avoir invention et nouveauté. Tel était, du reste, le système formellement
consacré par les anciens règlements auxquels se rattache la loi de 1806.

Prenons, par exemple, celui du 14 juillet 1787. Voici ce qu'il dispose
dans son article premier:

« Les fabricants qui auront *composé ou fait composer de nouveaux*
« *dessins* auront seuls, exclusivement à tous autres, le droit de les faire
« exécuter etc ».

Et dans son article 5 : « Les fabricants qui *auront inventé ou fait faire*
« *un dessin* et qui désireront s'en conserver l'exécution, etc. ».

Notre système ne ressort-il pas des termes mêmes qu'il emploie?
Même pensée encore dans l'article 8 :

« Défend Sa Majesté à tout fabricant de faire exécuter en étoffe de
« soie, en étoffe de soie et dorure ou en étoffe mélangée de soie, aucun
« dessin exécuté en papier peint ou autrement, sans s'être assuré si le
« dessin exécuté en papier ne l'a pas déjà été en étoffe; en conséquence,
« le fabricant qui exécuterait en étoffe un dessin de papier déjà imité

« d'après l'étoffe sera contrevenant à l'article 3 et encourra les peines y
« portées ».

On voit par *a contrario*, que si l'original du dessin avait été destiné à
l'industrie des papiers peints, le fabricant n'avait pas à se préoccuper de
ce fait que d'autres l'avaient reproduit auparavant sur des étoffes de
soie.

Ainsi, des précédents historiques comme des travaux préparatoires de
la loi de 1806, il nous semble résulter que ce qui est nécessaire pour
constituer l'invention dans un dessin industriel, c'est la nouveauté et
l'originalité de la composition elle-même. L'application nouvelle d'un
dessin connu n'est donc pas susceptible d'être protégée, et ce que nous
disons du dessin nons le disons également du modèle. Celui qui ne fai-
que copier l'œuvre d'autrui ne saurait prétendre à un droit de reproduction exclusive. (En ce sens, Dalloz ; — Rép. vo *Industrie,* n° 286). —
La Cour de Cassation l'avait ainsi jugé en 1846 : « La loi du 18 mars
1806, déclarait-elle, sur les dessins de fabrique, ne concernant que la
propriété exclusive des dessins nouvellement imaginés ou exécutés pour
la première fois par l'art du dessin, ne peut être invoquée pour protéger
la propriété privative de l'application nouvelle d'uu dessin connu et déjà
tombé dans le domaine public ». (Cass., 16 nov. 1846 ; — aff. Rouvière ;
— Dalloz, 47, 1, 28 ; — *Contra* : Nîmes, 28 juin 1843 ; — Blanc, p.
326).

Mais si la reproduction de dessins ou de modèles déjà existants,
quoiqu'appliqués à des objets ou à des produits d'un genre différent, ne
peut être considérée comme une invention, nous croyons cependant
qu'il ne faut pas être d'une exigence trop rigoureuse ; aussi admettons-
nous qu'il y a dans la combinaison, la disposition et l'agencement nouveaux d'éléments et de motifs connus, un travail personnel suffisant pour
constituer un dessin nouveau et susceptible, par conséquent, de faire
l'objet d'un droit de propriété. (En ce sens. Jug. du Trib. de Com. de
lCalais, 6 nov. 1860 ; — Pataille, 7 p. 219 ; — Douai, 27 juin 1867 ; —
Pataille : 1868 p. 77).

Enfin, dans notre système, où nous pensons que l'empreinte de l'effort
intellectuel doit apparaître et la trace de l'idée personnelle se révéler
dans la composition même du dessin, dans la forme, les contours, la
disposition plns gracieuse du modèle, nous sommes forcés de conclure
que toute œuvre due au hasard ne saurait faire l'objet d'un droit privatif

de reproduction ; tels seraient les tracés variés et bizarres obtenus par le travail capricieux d'un tour à guillocher. C'est pour cette raison qu'il a été jugé que « les dessins de fabrique étant ceux qui sont le produit d'une idée nouvelle, cette qualification ne peut être donnée aux figures diverses produites par la combinaison des pleins et des vides formés par les mailles d'un métier (aff. Joyeux ; — Nîmes, 2 août 1844 ; — Cass. ch. crim., rej. 15 mars 1845 ; — DALLOZ, 45, 1, 283). — Cette disposition n'était pas, en effet, le produit d'une découverte mais d'un tâtonnement purement mécanique. Ce n'était pas une œuvre due à l'intelligence. (En ce sens, DALLOZ, n° 284).

Voilà donc en quoi consiste, à notre avis, le premier caractère que le législateur exige d'un dessin ou d'un modèle en faveur duquel on invoque le bénéfice des dispositions protectrices de la loi de 1806. Mais nous savons que pour l'obtenir cette seule condition ne suffit pas.

2°, — Il faut encore que ce qui en fait la nouveauté ne puisse pas donner lieu à un brevet en vertu de la loi de 1844. Autrement dit, toutes les fois que l'invention fera de l'objet de fabrication dont elle aura modifié la forme *un produit industriel nouveau*, on ne pourra se prévaloir que de la garantie d'un brevet et non de celle d'un dépôt. (Loi du 5 juillet 1844, art. 2).

Le motif s'en comprend aisément : La société ne saurait se trouver indéfiniment privée de la jouissance d'un progrès réalisé ; en son nom, le législateur a consenti à assurer aux fabricants le droit privatif et perpétuel de tirer profit des créations qui n'ont simplement pour but et pour résultat que d'opérer un pur changement de forme, de plaire aux caprices de la mode, de satisfaire au goût et à la fantaisie du public, mais non des créations qui apportent des modifications industriellement utiles à tous. De celles-là, sans doute, il a bien encore garanti la jouissance exclusive mais pour un temps déterminé et à des conditions spéciales. Cette distinction découle des principes et des règles consacrés par nos lois en matière de propriété industrielle. Elle n'a pas échappé d'ailleurs à la sagacité du législateur de 1806. Voici, en effet, ce qu'a dit le tribun Camille Pernon pour justifier la perpétuité du droit accordé aux fabricants sur leurs dessins :

« Vous observerez, Messieurs, que la facture d'un dessin ne saurait « être assimilée aux inventions dans les arts pour lesquelles s'obtiennent « des brevets d'invention. Ceux-ci sont toujours le résultat d'une décou-

« verte ou du perfectionnement d'un objet utile qu'il importe de faire
« connaître ou de multiplier. Il n'en est pas de même du dessin d'une
« étoffe qui n'a le plus souvent d'intéressant que de fournir au consom-
« mateur la facilité de faire un choix qui lui plaise davantage ».

Quand, dans un objet transformé par un dessin ou dans un modèle,
devra-t-on voir un produit industriel nouveau ? L'entente n'est pas
complètement faite sur le caractère à exiger d'un objet pour lui donner
cette qualification; on a été jusqu'à exiger une transformation dans sa
substance même (Paris, 9 juin 1864; — PATAILLE, 1864 p. 244).
Cependant il est presque universellement admis, aujourd'hui, qu'un
changement de forme, sinon un simple changement de qualités, suffit.
(POUILLET, *Traité des Brevets d'Invention*, p. 23; — MALAPERT et FARNI,
Commentaire des lois sur les Brevets d'Invention, p. 26; — PATAILLE : en
note de l'arrêt de la Cour de Paris sur le brevet Vial et Duflot (décolo-
ration des plumes), en date du 13 avril 1868; — *Annales* de 1868, p.
134).

Or, c'est précisément sous ce rapport que l'échantillon d'un nouveau
dessin ou le nouveau modèle se distingueront des produits similaires.

Si donc un changement de forme a pour but non pas uniquement de
donner à un objet une ornementation ou un aspect particuliers, mais de
l'utiliser à de nouveaux usages ou de l'appeler à rendre des services que
l'on n'aurait pu demander aux produits connus, (MALAPERT et FARNI,
p. 25 et 27), s'il lui apporte par là même des caractères nouveaux,
certains, essentiels, qui le spécialisent et le distinguent des produits qui
existaient auparavant, si enfin, pour rendre notre idée sous une nouvelle
forme, il a pour conséquence de lui faire produire un résultat industriel
relativement nouveau (POUILLET, *Brevets d'Invention*, p. 20 — *Dessins
et Modèles de Fabrique*, p. 46), un brevet seulement et non un dépôt
au Greffe du Conseil des Prud'hommes pourra garantir le droit de
propriété industrielle qui en naîtra. M. de Barthélemy, dans le rapport
qu'il a présenté à la Chambre des Pairs sur la loi de 1844 (MALAPERT et
FARNI, p. 30), exprimait la même pensée mais en se servant d'une for-
mule encore différente :

« Les changements de forme non plus que les ornements, disait-il,
« ne constituent pas des inventions, à moins toutefois que ces change-
« ments de forme ne produisent *des effets nouveaux*, ainsi qu'il peut
« arriver pour certains produits d'optique, etc. ».

Le but, recherché et atteint par l'inventeur d'un dessin ou d'un motdèle, sera donc, en résumé, l'indice qui aidera à découvrir si un simple dépôt est suffisant pour lui garantir la reproduction industrielle de l'objet dont il aura modifié la forme.

Quelques espèces empruntées à la jurisprudence feront bien ressortir la portée pratique de cette nouvelle condition que nous exigeons d'un dessin ou d'un modèle.

Ainsi il a été jugé :

1°. — Qu'un système de lanternes-phares dont la forme et les dispositions intérieures avaient pour effet de donner un grossissement de la lumière, constituait un produit industriel nouveau et ne pouvait en conséquence, être conservé que par un brevet (cass., 10 mars 1858 ; — Sirey, 58, 1, 353).

2°. — Que des cartes à jouer à coins arrondis et dorés avaient pu valablement être brevetées parce que le changement de forme en avait augmenté la solidité et pour ce motif en avait fait un produit nouveau (Paris, 13 mai 1865).

3°. — Que de même l'idée de réunir deux flacons (flacons siamois) dans le but d'obtenir la conservation plus efficace ou la mise en œuvre plus facile d'une matière ou d'un produit avait donné naissance à une invention brevetable et non à un nouveau modèle de fabrique (Paris, 29 janvier 1875 ; — Pataille, 1875, p. 217).

4°. — Que la bougie perforée de trous dans sa longueur en vue de remédier à un coulage formait également un produit industriel nouveau (Trib. corr. de St-Quentin, 6 janvier 1876 ; — Pataille, 1878, p. 81).

5°. — Qu'un fermoir de porte-monnaie d'un nouveau système n'était pas une nouvelle ornementation mais une nouvelle fermeture, non un modèle de fabrique mais une invention donnant un résultat industriel et partant brevetable (Jugem. du Trib. de la Seine, 7 février 1877 ; — Pataille, 1877, p. 184).

6°. — Enfin qu'un fer de cheval lequel « dans la pensée de celui qui prétendait l'avoir inventé devait avoir une durée plus grande que les anciens fers et donner plus de solidité aux chevaux en prévenant les glissades auxquelles ils étaient exposés avec ces anciens fers » ne pouvait pas être considéré comme un simple modèle de fabrique mais devait être breveté comme un produit nouveau (Paris, 6 juillet 1878 ; — Pataille, 1878, p. 285 et suiv.)

Ainsi, les dessins et les modèles qui font d'un objet un produit nouveau ne sont pas susceptibles d'être déposés. Mais le fait que pour obtenir leur réalisation il a fallu recourir à un *procédé particulier* de nature à être breveté ne leur enlève pas leur caractère de dessins et modèles de fabrique et n'empêche pas qu'ils ne soient eux-mêmes protégés par la loi de 1806, indépendamment du procédé qui peut l'être par la loi de 1844, (Caen, 30 août 1859; — PATAILLE, 1862, p. 256; — Paris 18 août 1868; — PATAILLE 1869, p. 193).

3°. — Arrivons maintenant à la troisième condition exigée des dessins et modèles de fabrique, pour qu'ils puissent être protégés par la loi de 1806. Il faut, avons-nous dit, qu'ils aient été déposés conformément aux prescriptions de cette loi ou des ordonnances et décrets qui l'ont complétée. Mais où, en quelle forme et à quel moment doit s'effectuer ce dépôt.

Première question. — La première question ne soulève guère de difficulté en pratique.

D'après la loi de 1806, c'est au greffe du Conseil des prud'hommes qu'il faut faire le dépôt. On est d'accord pour admettre que ce conseil est non pas celui du domicile de l'inventeur, mais celui dans le ressort duquel se trouve la fabrique (POUILLET, p. 66); cette décision est conforme à l'esprit de la loi. Lorsqu'il n'y a pas de Conseil de Prud'hommes au lieu où elle est située le dépôt des dessins et modèles s'exécute alors au greffe du Tribunal de Commerce ou, à défaut, au greffe du Tribunal Civil. Ainsi l'a prescrit l'ordonnance de 1825 que nous avons citée plus haut. Cette ordonnance, qu'on a, à bon droit, accusée d'inconstitutionnalité, quoi qu'en dise M. Blanc, est appliquée sans conteste dans la pratique. Enfin, si l'inventeur est un étranger jouissant des mêmes droits qu'un français en vertu des conventions diplomatiques de son pays avec le nôtre et que sa fabrique ne soit pas en France, c'est au secrétariat de l'un des différents Conseils de Prud'hommes de Paris qu'il devra, selon son industrie, effectuer son dépôt en vertu du décret du 5 juin 1861.

Deuxième question. — Quelles sont les formalités du dépôt? Et d'abord que doit-on déposer? Une esquisse du modèle ou du dessin peut-elle suffire? A notre sens elle ne le devrait pas. La loi de 1806 exige formellement pour les soieries un échantillon. Il faut donc plus qu'un dessin fait sur le papier. Un échantillon c'est le dessin manufacturé; le dessin sous forme de produit industriel. Voilà la règle qni se déduit forcément de plusieurs articles de la loi de 1806 (art. 15 à 19). Il n'y a aucune raison pour ne pas l'imposer comme toutes celles qui sont écrites dans cette même loi à tous les dessins et modèles auxquels on étend l'application de ses dispositions. Pourtant la jurisprudence a toujours admis, et nous en savons la raison, que pour le modèle le dépôt d'un dessin suffisait (POUILLET, *Dessins et Modèles*, p. 62). M. Pouillet exige que cette esquisse soit bien faite et même coloriée de manière à reproduire le modèle le plus fidèlement possible, mais il a été jugé récemment que même le dépôt d'un dessin au crayon d'une dentelle non encore exécutée était valable (PATAILLE, 1876, p. 206).

L'échantillon d'un dessin et celui d'un modèle ou son dessin dans le système admis par la jurisprudence doivent être mis sous enveloppe revêtue du cachet et de la signature du fabricant comme du cachet du Conseil des prud'hommes (art. 15).

En déposant son échantillon, le fabricant devra :

1°, — Déclarer pour combien de temps il entend s'en réserver la propriété (art. 18).

2°, — Payer une indemnité dont le montant est réglée par le Conseil des prud'hommes, mais qui ne peut être supérieure à un franc par an si la réserve de la propriété est temporaire et à dix francs si elle est perpétuelle (art. 19).

Le dépôt sera mentionné sur un registre tenu *ad hoc* par le Conseil des prud'hommes, lequel délivrera au fabricant un certificat rappelant le numéro d'ordre du paquet déposé et constatant la date du dépôt (art. 16).

Troisième question. — Reste à déterminer maintenant à quelle date il est nécessaire de faire le dépôt. Pour le savoir il faut se demander dans quel but on l'a exigé. A quoi donc sert-il? A conserver à l'inventeur son droit privatif d'exploitation, suivant les uns; uniquement à lui donner le droit de poursuivre ses contrefacteurs d'après les autres, sa propriété naissant et subsistant indépendamment de ce dépôt. Nous préférons l'opinion des premiers. Elle s'appuie à la fois sur les précédents, sur le texte et sur l'esprit de la loi. Les précédents ne sont pas douteux (arrêt du 14 juillet 1787, art. 1er); mais certains auteurs se refusent à croire que le législateur de 1806 s'en soit inspiré. Il est vrai qu'il déclare dans l'article 15 que « tout fabricant qui voudra pouvoir revendiquer *par la suite* la propriété d'un dessin devra, etc. »; et, dans l'article 18, que, « en déposant son échantillon, le fabricant déclarera s'il entend *se réserver* la propriété exclusive pendant une, deux, trois ou cinq années ou à perpétuité » ; mais, disent ces auteurs et notamment M. Pouillet, ces expressions « *par la suite* » et « *se réserver* » n'ont trait en aucune manière au but du dépôt, et il y a vraiment trop de subtilité à leur donner une pareille portée. Nous en demandons pardon à nos adversaires, mais qu'ils veuillent bien lire l'article 14, le premier de la section III. De quoi charge-t-il le Conseil des Prud'hommes? Des *mesures conservatrices de la propriété des dessins*. Or, quelles sont ces mesures sinon les formalités du dépôt lui-même?

Le dépôt est donc exigé dans un autre but que celui de former un musée industriel ainsi que le présume M. Pouillet (p. 83), ce qui d'ailleurs ne serait vrai que dans l'hypothèse où la réserve n'est pas perpétuelle (art. 18 et 2). Son but essentiel est de *conserver la propriété exclusive* et non pas seulement de donner le droit de poursuivre les contrefacteurs. Cette idée ressort encore de l'article 17. A quoi donc servirait le certificat de priorité du dépôt lorsqu'une contestation s'élève entre plusieurs fabricants sur la propriété d'un dessin? Est-ce à établir une présomption légale de propriété en faveur du déposant? Mais cette présomption où donc est-elle écrite? Pour l'admettre il nous faudrait un texte formel. Ainsi nous sommes persuadés que le législateur a voulu faire jouer au dépôt un rôle identique à celui du brevet d'invention, à celui que lui-même avait autrefois, c'est-à-dire qu'il a pour effet non de créer un droit de propriété, sur un modèle ou un dessin, mais de le réserver et de l'empêcher de tomber dans le domaine public. — Voilà en quel sens le dépôt est une mesure conservatrice de cette propriété, et cela nous paraît d'autant plus probable que la loi de 1806 nous est venue de Lyon et qu'elle a été inspirée par les réglements qui régissaient autrefois l'industrie de cette cité.

Si tel est le but du dépôt on voit quelle conséquence en découle nécessairement: c'est qu'il devra être effectué avant la mise en vente et non pas seulement avant la poursuite en contrefaçon. (En ce sens M. GASTAMBIDE, p. 345; — BLANC, p. 340; — Lyon, 23 juillet 1869; — PATAILLE, 1870, p. 361 ; — Paris, 3 août 1854, aff. Ricroch; — *Contrà*, POUILLET, p. 78 et les décisions et autorités qu'il cite; — PATAILLE, 1865, p. 332). — Mais le dépôt produira son plein et entier effet alors même que le retrait du récépissé n'aura pas encore eu lieu. Le certificat est une formalité secondaire établie uniquement dans l'intérêt et pour la sûreté du fabricant et dont l'inaccomplissement ne saurait se retourner contre lui. (PATAILLE, 1875, p. 237).

Nous en avons ainsi fini avec le dépôt et partant avec les conditions exigées des dessins et modèles de fabrique pour pouvoir faire l'objet d'un droit d'exploitation exclusive. Là se termine aussi notre étude sur la législation actuelle. Il ne nous reste donc plus qu'à adresser, sous forme de conclusion, quelques vœux au législateur de l'avenir.

III

CONCLUSION.

Le laconisme de la loi de 1806, nous l'avons constaté chemin faisant, a laissé le champ libre à bien des controverses, à bien des systèmes. Un pareil état de choses est toujours regrettable. Il expose des intérêts très légitimes à être méconnus par les tribunaux, compromet gravement la sécurité de beaucoup d'autres et devient ainsi la source inévitable de nombreux procès. Dès lors est-il besoin de répéter, après tant de voix autorisées, qu'une prompte réforme est éminemment nécessaire? Les modifications et les additions que le législateur de l'avenir doit faire à l'œuvre embryonnaire de ses devanciers ne laissent pas que d'être importantes et délicates. Nous n'essaierons point de les détailler mais l'étude que nous venons de faire nous autorise, à tout le moins, à dire qu'il est tenu, entr'autres obligations:

1º, — De définir clairement ce qu'il faut entendre par dessins et modèles de fabrique;

2º, — De dire en quel sens ils doivent être nouveaux pour que la loi réserve à leurs auteurs le droit de les reproduire à l'exclusion de tous autres;

3º, — De déterminer avec précision la nature, l'étendue, la durée, et nous ajouterons, quoique nous n'en ayons pas traité, la sanction de ce droit;

4º, — De décider si un dépôt est nécessaire pour sa conservation et de rechercher avec soin, en cas d'affirmative, où, quand et comment il sera préférable de l'effectuer.

Pour combler les lacunes de notre législation ou la refondre sur ces différents points, l'honorable M. Bozérian a tenté, nous l'avons dit plus haut, un louable effort. Cette entreprise l'honore et lui donne droit aux éloges des jurisconsultes; la tâche était si ardue qu'elle avait jusqu'ici effrayé, en quelque sorte, nos législateurs. Les esprits sont si peu parvenus à s'entendre, à se rallier autour de principes certains, incontestables et les points de vue sous lesquels on envisage cette matière sont tellement différents et opposés qu'il était impossible que son projet ne donnât point prise à la critique. La définition du dessin et du modèle de fabrique, la nature du droit de l'inventeur, sa durée, sa sanction, le dépôt, la taxe dont il est frappé, les tribunaux compétents pour statuer sur la contrefaçon, rien n'y a échappé. A l'appui de notre dire, il suffirait de rappeler les discussions si intéressantes du Congrès International de 1878. Mais ce qu'il nous plaît de mentionner tout particulièrement ici ce sont les observations, à notre sens très justes, que M. Pouillet a présentées dans la *Propriété Industrielle* (nᵒˢ des 1ᵉʳ, 15 novembre, 1ᵉʳ, 15 décembre 1880).

Il y a dans l'exposé théorique que fait, à propos de la définition des dessins et des modèles de fabrique, cet auteur si précis, si élégant et si justement estimé d'ouvrages devenus classiques sur la propriété intellectuelle, tout un véritable contre-projet.

M. Pouillet réclame l'assimilation complète des dessins et modèles aux œuvres artistiques. Tel doit être, en effet, selon nous, le point de départ d'une législation nouvelle. Au fond pas de distinction à faire entre le tableau d'un maître et le modeste dessin industriel. Qu'importe la distance qui les sépare? Qu'importe la perfection de l'un et peut-être la grossière apparence de l'autre? Ne procèdent-ils pas du même principe? Ne sont-ils pas tous deux des créations de l'esprit, les produits d'un effort intellectuel plus ou moins puissant? « Dans l'une comme dans l'autre il y a, dit M. Pouillet, une manifestation de même nature ». Si le droit naturel ordonne au législateur de protéger la propriété de l'un n'est-il pas tenu au même titre de protéger celle de l'autre? De ce qu'un lingot de plomb a moins de valeur qu'un lingot d'or s'en suit-il que le propriétaire du premier ait un droit moins solide, moins digne d'être garanti que le propriétaire du second. Donc le modèle et le dessin indus-

triel doivent être, à juste titre, entourés de la même protection que
l'œuvre d'art. A ce point de vue il faut mettre l'image d'Epinal sur le
même pied qu'un tableau de Raphaël. Le droit de leurs auteurs étant
de même nature doit avoir la même durée.

Cependant nous ne pensons pas qu'il faille aller jusqu'au bout dans
cette voie d'assimilation et que le législateur doive se désintéresser de la
destination d'une œuvre. Lorsqu'une création nouvelle, fùt-elle artistique, a pour but de modifier l'ornementation ou la forme d'un objet
industriel, ce n'est plus isolément et en elle-même qu'on doit la consi-
dérer, comme on ferait pour une simple œuvre d'art, mais c'est dans
ses relations avec l'objet auquel le fabricant l'applique. Sa reproduction
ou son imitation frauduleuse va nous mettre peut-être en présence non
plus d'une contrefaçon pure et simple ou d'un plagiat mais bien d'une
concurrence déloyale. Or, nous croyons que le législateur doit punir
plus sévérement une contrefaçon ainsi caractérisée parce qu'elle est plus
à redouter, qu'elle a des effets plus désastreux et, par conséquent,
trouble davantage l'ordre social.

Enfin, on conçoit encore que cette relation d'une œuvre graphique ou
plastique avec un objet industriel nécessite des règles spéciales pour le
dépôt et la compétence des tribunaux. Donc à ces divers points de vue
il n'est ni surprenant ni illogique de rencontrer et d'établir dans les
législations des différences entre une œuvre d'art prise en elle-même et
un dessin ou un modèle industriel, eût-il un caractère artistique.

(Voir encore MM. R. Rousseau, — *Revue Critique* 1875, p. 295 et
Emion, *Revue de Droit Commercial*, 1880, p. 249).

Paris. — Imprimerie typ. lith. Ch. Desnos, 11, boulevard Magenta.

OFFICE
des
BREVETS D'INVENTION FRANÇAIS ET ÉTRANGERS
ET DES MARQUES DE FABRIQUE
(FONDÉ EN 1843).

Ingénieur-Directeur : **CH. DESNOS,**

ancien élève de l'Ecole Centrale

PARIS, — 11, Boulevard Magenta, 11, — PARIS

MAISON A LONDRES, BRUXELLES ET NEW-YORK

Correspondants dans tous les États.

L'ANNUAIRE DES INVENTEURS
ET DES FABRICANTS

Précis des Législations française et étrangères

Sur les Brevets d'Invention et les Marques de Fabrique

Envoyé gratis et franco à toute personne qui en fait la demande.

AGENCE

L'OFFICE se charge des demandes de Brevets en France et à l'Etranger, et des transactions qui s'y rapportent. Un tarif à prix fixes règle les conditions de toutes les opérations.

CONSULTATIONS LÉGALES ET INDUSTRIELLES

Renseignements sur tous Brevets français et étrangers

RECHERCHES D'ANTÉRIORITÉS

Comptes-Rendus et Analyses de Brevets.